Inhalt

Gender Mainstreaming

Kernthesen

Beitrag

Fallbeispiele

Weiterführende Literatur

Impressum

Gender Mainstreaming

M. Westphal

Kernthesen

- Im "Jahr der Chancengleichheit" wird der Begriff Gender Mainstreaming häufig in den Mund genommen, aber vielen ist unbekannt, was sich dahinter verbirgt.
- Wesentliche Ziele sind die geschlechtsneutrale Entgeltbestimmung, sowie verbesserte Beschäftigungschancen von Frauen am Arbeitsmarkt.
- Die beschäftigungspolitischen Leitlinien der Europäischen Union verankern den sogenannten Gender Mainstreaming-Ansatz in einem Gesetz.

Beitrag

Die Gleichstellung der Frau in betrieblichen Organisationen ist seit Jahren ein wichtiges Thema

Schon seit vielen Jahren gibt es die verschiedensten Interessengruppen insbesondere aus dem Bereich der Frauenbewegung, die versuchen, die Benachteiligungen von Frauen im Hinblick auf Karriere, wie aber auch teilweise ungleiche Bezahlung in Unternehmen, abzubauen.

Bisher sind verschiedene Erfolge dieser Aktivitäten zwar sichtbar geworden, ein durchschlagender Erfolg auf breiter Front scheint aber bisher nicht erzielt worden zu sein, wenn man sich die Statistiken über z. B. "Frauen in Führungspositionen in der Wirtschaft" anschaut.
Das neue Paradigma des Gender Mainstreaming, welches von der Europäischen Union in ein Gesetz gegossen worden ist und dessen länderweite Umsetzung in den Mitgliedstaaten vorgeschrieben ist, kann aber erstmals einen großen Einfluss auf die betrieblichen Organisationen ausüben.

Auch wenn sich die von der EU verordneten Aktivitäten größtenteils auf politischer Ebene abspielen, so werden die Umsetzungen einen starken

Einfluß auf die betrieblichen Organisationen ausüben. Zum einen wird sich dieses Paradigma nur durchsetzen lassen, wenn es in den Unternehmen auch schon im Management gelebt wird. Darüber hinaus werden Aktivitäten des Gender Mainstreaming, zumal es als Gesetz verankert worden ist, Veränderungen in kultureller wie auch aus Führungssicht in betrieblichen Organisationen hervorrufen. Da es sich um einschneidende Veränderungen handelt, wird die Umsetzung vielleicht einige Jahre in Anspruch nehmen (wobei davon auszugehen ist, dass Veränderungen sich zunächst auf kommunaler Ebene erkennen lassen werden), aber dieser neue Ansatz verspricht erstmals, eine erfolgreiche Überwindung der Geschlechterbarrieren hervorrufen zu können.

Was verbirgt sich hinter Gender Mainstreaming?

In der aktuellen Presse wird der Gender Mainstreaming-Ansatz wieder verstärkt beleuchtet. Zum einen aus aktuellem Anlass, weil die von der Hartz-Kommission beschlossenen Maßnahmen die Ziele des Gender Mainstreaming Ansatzes nicht unterstützen. Zum anderen wird resümiert, inwieweit die Entwicklungen der letzten Jahre das

"Mainstreaming" vorangebracht haben.

Laut Definition des Bundesministeriums für Familie, Senioren, Frauen und Jugend, bedeutet Gender Mainstreaming "bei allen gesellschaftlichen Vorhaben die unterschiedlichen Lebenssituationen und Interessen von Frauen und Männern von vornherein und regelmäßig zu berücksichtigen, da es keine geschlechtsneutrale Wirklichkeit gibt. ... die Zugehörigkeit zum weiblichen Geschlecht ist noch immer eine der prägendsten und bedeutsamsten gesellschaftlichen Unterscheidungen. Denn das Leben von Frauen und Männern weist in den meisten Bereichen des öffentlichen und privaten Lebens große Unterschiede auf, ohne dass dies immer bewusst wäre." (1)

Wesentliche Ziele

Das Problemfeld der Frauenerwerbsarbeit und der Gleichstellungspolitik von Frauen und Männern am Arbeitsmarkt beschäftigt verschiedene Interessengruppen in Politik und Medien schon mindestens seit Beginn der 80er Jahre. Trotzdem sind bisher nur wenige wirklich sichtbare Erfolge erzielt worden, außer dass das allgemeine Bewusstsein für diese Problematik sensibilisiert worden ist.

Wesentliche Ansatzpunkte waren:

- Schaffung von Chancengleichheit für Männer und Frauen in der beruflichen Entwicklung
- Gleiche Entgeltleistungen für Männer und Frauen für gleiche Tätigkeiten.

Es ist zu Recht zu fragen, warum z. B. die Tarifvertragsparteien nicht die Problematik der Grundentgeltbestimmung schon in den 80er/90er Jahren gelöst haben, durch entsprechende Auswahl der Anforderungsmerkmale und deren Gewichtung bei der Anforderungsermittlung.

Zwei Faktoren mögen hierfür ausschlaggebend gewesen sein:

- Zum einen sind die meisten Tariffachleute männlich.
- Zum anderen hat insbesondere die Metall- und Elektroindustrie die Entwicklung der Tarifpolitik geprägt. Das 1950 entwickelte "Genfer Schema", welches die Anforderungsmerkmale für eine Arbeitsbewertung zur Grundentgeltbestimmung bestimmt, ist sehr stark von den Arbeitsbedingungen der Stahlindustrie geprägt.

Gender Mainstreaming-Ansatz im ordnungspolitischen Rahmen

Die Politik der Frauenförderung hat nun eine Zwillingsschwester erhalten. Das neue Modell des Gender Mainstreaming mit seinem Ziel der Schaffung von Chancengleichheit, stellt eine Ergänzung zu den klassischen Förderinstrumenten dar. Die vierte Weltfrauenkonferenz 1995 in Peking gab den Anstoß zu dem letztendlich 1999 in Amsterdam geschlossenen Vertrag auf europäischer Ebene. Seit 1999 gehört das Gender Mainstreaming zu den beschäftigungspolitischen Leitlinien der Europäischen Union und gleichzeitig ist es in dem am 01.05.1999 geschlossenen Amsterdamer Vertrag erstmals in rechtsverbindlicher Form festgeschrieben worden.

Durch diesen Vertrag wurde ein regelrechter Paradigmenwechsel ausgelöst. Bisher wurde eine Frauenförderpolitik betrieben, die auf eine Beseitigung spezifischer Benachteiligungen von Frauen ausgerichtet war. Ziel des Gender Mainstreaming ist aber die integrierte Betrachtung der Geschlechterfrage auf Frauen wie Männer bezogen. Jetzt werden die (Rahmen-)Bedingungen und deren Auswirkungen auf beide Geschlechter ins Auge gefasst. Allerdings kann auch Gender Mainstreaming nur dann Früchte tragen, wenn es auch top-down von der Organisation unterstützt und auf allen ihren Ebenen umgesetzt wird. (2)

Die EU definiert: "Gender Mainstreaming besteht in der (Re-)Organisation, Verbesserung, Entwicklung und Evaluierung der Entscheidungsprozesse, mit dem Ziel, dass die an politischer Gestaltung beteiligten Akteure und Akteurinnen den Blickwinkel der Gleichstellung zwischen Frauen und Männern in allen Bereichen und auf allen Ebenen einnehmen." (3)

Auch die Bundesregierung hat daraufhin beschlossen, Gender Mainstreaming in alle Programme und Maßnahmen einfließen zu lassen. Die EU-Gleichbehandlungsrichtlinie muss bis zum Jahre 2003 in bundesdeutsches Recht übertragen worden sein. Es ist gemäß dieser EU-Richtlinie bereits angeordnet, dass jedes europäische Land sogenannte "Gender"-Institute einrichten muss. Von der EU, wie aber auch einigen skandinavischen Ländern, sind bereits Analyse-Instrumente und Handlungsleitfäden für Gender Mainstreaming entwickelt worden. Wichtige Fragenkomplexe, die berücksichtigt werden müssen, sind:

- Wen betrifft ein Projekt?
- Gibt es in diesem Bereich Unterschiede zwischen Männern und Frauen?
- Haben sie dort unterschiedliche Rechte,

unterschiedlichen Zugang zu Ressourcen?
- Sind sie unterschiedlich beteiligt?
- Gelten für sie unterschiedliche Werte und Normen? Daraus resultiert letztendlich die Frage nach dem gleichstellungspolitischen Ziel bei dem jeweiligen Projekt. (4)

Fallbeispiele

EU-Unterstützung

Die EU ist nicht nur über die verabschiedete Gender Mainstreaming-Richtlinie ein Treiber dieser Aktivitäten, sondern hat es schon länger aktiv betrieben z. B. damit, dass Mittel aus dem Europäischen Strukturfonds nur an Projekte ausgezahlt werden, die Gender Mainstreaming betreiben. (4)

Frauen unterrepräsentiert

Im Jahre 2000 waren knapp ein Drittel der Führungskräfte in Industrie, Dienstleistung und Verwaltung weiblich. Diese Aussagen des Statistischen Bundesamtes werden noch untermauert durch die Feststellung, dass es in der Wirtschaft gerade mal vier Prozent Akademikerinnen in Spitzenpositionen wie Geschäftsführerinnen und Direktorinnen gab. (2)

Forschung

Das Institut für Arbeitsmarkt- und Berufsforschung (IAB) hat neue Rahmenbedingungen geschaffen bekommen, gemäß denen das Thema Chancengleichheit nicht nur in einem eigenen Forschungsschwerpunkt behandelt wird, sondern in allen Arbeitsschwerpunkten aufzunehmen ist. Die Gleichstellung von Mann und Frau ist als Querschnittsaufgabe in §1 des Job-Aqtiv-Gesetzes als "duchgängiges Prinzip" verankert, welches z. B: explizit für die Wirkungsforschung des IAB formuliert wird.

Das IAB richtet seine Forschungsaktivitäten entsprechend dem Gender Mainstreaming-Ansatz der beschäftigungspolitischen Leitlinien der Europäischen Union aus und legt sie im 6. und 7. mittelfristigen Forschungsprogramm verbindlich fest und wird sie darüber hinaus weiter forcieren. Das IAB ermöglicht mit seiner Querschnitts- wie auch frauenspezifisch zweigleisigen Forschungsstrategie einen umfassenden Überblick zur aktuellen Situation von Frauen und Männern am Arbeitsmarkt. (6)

Gender Budgeting

Als Produkt der laufenden Gender Mainstreaming-Aktivitäten und Diskussionen hat sich das Gender Budgeting etabliert. Gender steht auch hierbei für eine geschlechtsneutrale, Budgeting für Haushaltssplanung in den öffentlichen Haushalten. Hinter diesem Begriff steckt viel Zündstoff für endlose Verteilungsdebatten, wobei die Gleichstellungspolitik hiermit nach dem Tabernakel der Kommunalpolitik greift. Dabei geht es den Interessengruppen nicht mehr nur um die Sicherstellung der politischen Chancengleichheit von

Männern und Frauen, sondern um eine konkrete finanzielle Gleichbehandlung der Geschlechter bei jeder kommunalpolitischen Entscheidung.

Als Beispiel, worin die praktische Anwendung des Gender Budgeting resultieren kann, ist die Frage der finanziellen Ausstattung von Kindergärten zu betrachten. Heute basiert die Entscheidung zum Bau eines Kindergartens auf der Zahl der Kinder, die betreut werden sollen. Diese Basis bestimmt dann die kommunale Allokation der finanziellen Mittel.

Würde ein Gender Budgeting-Ansatz angewandt, würde man Aspekte aus aktuellen Forschungsergebnissen berücksichtigen, gemäß denen Buben mehr Bewegung brauchen, um zu lernen, als Mädchen. So müsste man für Buben beispielsweise mehr Sport anbieten und das Geld entsprechend dafür auch ausgeben, um Chancengleichheit zu erreichen.

Ebenso hätte die Gestaltung der Bus- oder Stadtbahnhaltestellen geschlechterspezifisch durchleuchtet werden können. Die dunkle und schwer zugängliche Gestaltung vieler Haltestellen entspricht nicht dem besonderen weiblichen Sicherheitsbedürfnis. Unter Ansatz des Gender Budgeting-Ansatzes hätte man die Haltestellen für Frauen wie für Männer gleichermaßen attraktiv gestalten können. Zum Beispiel durch den Einsatz von mehr Lampen und weniger Pflanzenrabatten. (7)

Hartz-Papier / Wahlprogramme

In den Wahlprogrammen hatten die deutschen Regierungsparteien betont, dass die Gleichstellung der Geschlechter "bei allen politischen Entscheidungsprozessen im Sinne des Gender Mainstreaming mitbedacht werden muss" (SPD). Gleichzeitig kündigt die rot-grüne "Gleichstellungs"-Regierung an, die arbeitsmarktpolitischen Hartz-Vorschläge schon im Oktober in Gesetzesform gießen zu wollen. Dieses Ansinnen lässt den deutschen Frauenrat, den Dachverband der 52 Frauenorganisationen, klagen. Das Hartz-Konzept sieht unter anderem eine massive Ausweitung des Niedriglohnsektors vor. Aber, wer wird die Minijobs in Privathaushalten erbringen? Die Kritik basiert auf der Tatsache, dass die Grenze der steuerlichen Absetzbarkeit dieser Jobs von 325 Euro auf 500 Euro angehoben wird, inkl. einem winzigen Sozialversicherungsbeitrages, von dem im Alter aber kaum gelebt werden könnte. Die dadurch weiterhin garantierte weibliche Altersarmut bleibt in den Augen des Frauenrates bestehen. Das Hartz-Papier hat mit Gender Mainstreaming, welches solche Auswirkungen sichtbar machen und bekämpfen soll, tatsächlich wenig zu tun. (8)

Weiterführende Literatur

(1) Internet-Info-Seite vom Bundesministerium für Famile und Soziales (BMFS) www.gender-mainstreaming.net
aus Versicherungswirtschaft, 15.6.2002, 57.Jg., Nr. 12, S. 928

(2) Starre Hierarchien setzen keine Potenziale frei, Gender Mainstreaming meint Chancengleichheit für alle und erfordert den "kulturellen Schritt" des Mannes, Stuttgarter Zeitung, 21.09.2002, S. 9
aus Versicherungswirtschaft, 15.6.2002, 57.Jg., Nr. 12, S. 928

(3) Internetseite des Kompetenzzentrum Chancengleichheit, www.chancengleichheit-21.de
aus Versicherungswirtschaft, 15.6.2002, 57.Jg., Nr. 12, S. 928

(4) Ja, es gibt weibliche Bauarbeiter, Gleichstellung ist im deutschen Grundgesetz bereits verankert. Jetzt muss nach Lösungen gesucht werden, wie man Ungleichheit konkret abbauen kann. Da hilft nur, den Gender-Blick einzuüben: Schulung, Beratung und

Erfolgskontrolle tun not. Die EU macht es vor, taz, 06.09.2002, S. 6
aus Versicherungswirtschaft, 15.6.2002, 57.Jg., Nr. 12, S. 928

(5) Internet-Seite des Kompetenzzentrum Frauen in Wissenschaft und Forschung, www.cews.uni-bonn.de
aus Versicherungswirtschaft, 15.6.2002, 57.Jg., Nr. 12, S. 928

(6) Arbeitsmarkt-/Berufsforschung
aus arbeit und beruf, Heft 08, 2002, S. 233-235

(7) Rathaus soll die Geschlechter auch finanziell gleichstellen, Gender Budgeting meint die gerechte Verteilung der Gelder an Mann und Frau Beirat diskutiert erstmals neue Haushaltspolitik, Stuttgarter Zeitung, 24.09.2002, S.23
aus arbeit und beruf, Heft 08, 2002, S. 233-235

(8) Oestreich, Heide, Mit Hartz in die Altersarmut, Frauen gegen rot-grüne Arbeitsmarktpolitik, Mehr Minijobs werden vor allem dafür sorgen, dass Armut weiblich bleibt. Gender Mainstreaming sieht anders aus, taz, 30.09.2002, S.8
aus arbeit und beruf, Heft 08, 2002, S. 233-235

Impressum

Gender Mainstreaming

Bibliografische Information der deutschen Nationalbibliothek

Die Deutsche Nationalbibliothek verzeichnet diese Publikation in der deutschen Nationalbibliografie; detaillierte bibliografische Daten sind im Internet über http://dnb.d-nb.de abrufbar.

ISBN: 978-3-7379-0862-7

© 2015 GBI-Genios Deutsche Wirtschaftsdatenbank GmbH, Freischützstraße 96, 81927 München, www.genios.de

Alle Rechte vorbehalten. Dieses Werk ist einschließlich aller seiner Teile – z.B. Texte, Tabellen und Grafiken - urheberrechtlich geschützt. Jede Verwertung außerhalb der Grenzen des Urheberrechtsgesetzes bedarf der vorherigen Zustimmung des Verlags. Dies gilt insbesondere auch für auszugsweise Nachdrucke, fotomechanische Vervielfältigungen (Fotokopie/Mikroskopie), Übersetzungen, Auswertungen durch Datenbanken oder ähnliche Einrichtungen und die Einspeicherung und Verarbeitung in elektronischen Systemen.